Sami Antero Nygren

Itkun hiljainen suunta

ISBN 978-952-803-513-8

Kustantaja: BoD - Books of Demand, Helsinki, Suomi

Valmistaja: BoD – Books of Demand, Norderstedt, Saksa

Itkun hiljainen suunta

" Usein miettinyt
masennuksen mielitiettyjä
Sille käy kaikki
Mites jos ottaisit sen vastaan
vähän vaan väärin
ymmärrettynä
Ja koittaisi rakastaa
Ihan vaan vähän
jos siitä jotain hyvää"

Soile Sammalisto

ESIPUHE

Kuudesta kirjeestä loitonnut kynä. Yksinäisen aamun odotus pimeässä yössä tuli päätökseen. Teki aamun onnelliseksi, sen odotus loppui.
Elätkö samalla tavalla kuin kaikki. Uskot ihmisiä, ettet sinä ole taiteesi. Etkä sinä ole tunteesi. Sinä olet itsesi hukannut, niin kaikki muutkin.
Kukaan ei tahdo ihmistä, joka on hänen taiteensa.
Onko tuttua?
Mikä kumma? Plastiikkaminuuden historia, kaunistelet edessäni kaiken. Pelaat pelisi. Teet niin kuin etiketti sanoo.

Muovinen minäsi on ruma.

Mielesi laihdutuskuuri ei pääty koskaan. Ryhmäpaineen imu tekee sinusta yhä hoikemman. Pienistä haavoista ei kannata välittää.

Vedä pari light olutta.

18.8.2020 Tampere

Saarilla elämän karanneita hetkiä

kukaan ei puhu katseita

yö vetää kyntensä sisään pimeyteen

siksi tulee niin hiljaista

kauan odotettu onni käskee - odotathan minua?

minun unelmani laskee odotuksen untuvatyynylle

ajatuksien lähde ja uurteinen otsa

päivä raapaisee valon kynnen teräväksi

kaukainen olemus

odottaa että tämä hetki säilyisi katoamatta

Hankalikon maineeni

kysymyksiä minun solujeni reunoissa
nauravat ulkona vastauksista loputkin äänet

näkevät eheyden vanhat liikkeet mitoosissa

yksin sulkaani pesen oudon intiaanin

naurua satojen mielien suulaassa sateessa
keltaiseni reunustavat riikin alkuhengitykset

sade oudon pienen ihmisen

Särkynyt unen valjaissa
hymynpeitto sinnikäs
paksulti päällä
unelmien paino

Autiotalo

Ylitätkö yksin harmaita seiniäsi?
piirsitkö viimeisen toiveesi suuria silmiä?
elämä oli sidosta, näiden seinien koti
kauan kulkenut oksa koputtaa tuulessa
sanat pitivät sylissään rakkautta

Sielusta makean valheen kuiskutus
murusia sydämen polulla
rikkinäisiä
laulavat onkaloja heikkojen huminaan
yhdessä päivässä

Höyhenen kevyt tyttö sienen alla, kastemettä kielellänsä, osaa unelmoida olevansa iso. Hän on meidän silmissämme pelkkää aurinkopölyä hämähäkinseiteissä. Tytöstä ei ole aina hauskaa olla näkymätön. Sienien lakitkaan eivät suojaa tallaavilta jaloilta typerien ihmisten. Hän on kateellinen pienille Pinjoille ja Emmeille, jotka iloitsevat maahisiakaan huomaamatta. Ikivanhaa metsäkansaa. Hän tahtoisi olla iso tyttö. Hän tahtoo olla iso tyttö! Hän ajattelee.

Pieni höyhenen kevyt tyttö ei edes vanhene. Hän ei tiedä mitä on vanheneminen, harmaantuminen ja rypistyminen. Hän pysyy aina suloisena siloposkisena tyttönä. Kuvankauniina kastepisaroiden peilaavassa pinnassa. Jos Pinja tai Emmi näkisivät hänet. He tahtoisivat olla yhtä kauniita kuin höyhenen kevyt tyttö. Maksaisivat siitä melkein mitä vain. Kuin höyhenen kevyt tyttö siitä, että saisi olla joskus iso.

Jos tietäisivät salaisuuden. Jos he vain uskoisivat höyhenen keveään tyttöön, he saisivat kaikki toiveensa toteutumaan. Sillä höyhenenkeveällä tytöllä on taikavoimia. Hän antaisi yhden toiveen sille, joka vain näkisi hänet. Hän toteuttaisi kaikki toiveet. Siis usko. Ja katsele ympärillesi metsässä. Näetkö hänet? Katso aivan tarkasti. Jos näet hänet, toivo. Sinusta voi tulla kaunis. Kauniimpi kuin mikään elollinen maailmassa on ollut. Höyhenen kevyt tyttö, joka saa kaiken pauloihinsa. Usko vain.
Mitä sinä toivoisit?

Mitä on toivo?
se on niska perse ote, kun lennät masennuksestasi pihalle?
saat porttikiellon surun kantapaikkaasi?
masennuksen baarimikot eivät tahdo enää nähdä sinua?
jotka olet tuntenut siitä asti, kun ensi kertaa menit
                    masennukseesi sisään
kaikki huono seura jää sinne masennukseen
yrität vielä kalsarimasennusta monta kertaa
                    yksin kotona
kaikilta kavereiltasi se sujuu loistavasti kotosallakin
kalsarimasennus lätkämatsin tahdissa
mutta aina tulee toivo paremmasta
masennukseen pääsee sisään jo kohdussa
                    5% pääsee siitä eroon
                    vippaskonsteja ei ole
                    tupakin lähisukulainen
masennuskin voi olla himoa ankeuteen
masennuksesta ei ole kummallisempaa hyötyä mihinkään
kolme masennustoppaa päivässä
                    eikä edes valmiiksi käärittynä
olen yrittänyt olla ilman masennusta
epämääräisiä aikoja elämässäni
                    onko kova poika masentunut
                    onko se kapinallista olla masentunut
                    ruvetaan rajoittamaan masennusta
ja sen harjoituspaikkoja
pyritään masennuksettomaan maailmaan
                    hienosti sisustettu masennus
                    vähän hälinää
sivistyneitä kavereita
eurooppalaiset masennustavat
ei koskaan niin paljon saa masentua
että

ja jos sulle ei masennus yhtään sovi
älä sitten ainakaan masennu
masennus on viisaiden mieliala

14

Sataa vetisiä rajoitteita takaisin
        lohkeilleeseen sieluni tiehen
ahdistavaa mykkyyttä poltettu puhki
        siihen monia öitä
ikävän tuoksuinen kärsimys
                ei tiedä
tuleeko mikään muuttumaan
vaikka puhdistaisi ilmapiirin
                        tulinen yksinäisyys

armoripsinen
pyyhkii naurun nenäliinaan

        sydämessä pitkät valot päällä
sokaisee toisten sydämet
        kun tulet toisen ihmisen taajamaan
vaihda sydämeesi lyhyet päälle
                taaksepäinkin hyvä näkyä
jonkinlaisten valojen
        olla sydäntä heillekin
ja eteenpäin ihastuttaa kaikki
        vilkkuja käytä
jos aiot kääntyä pois toisen elämästä
                        eteenpäin mennessä
kun olet toisen kanssa kaksin
        älä tsättää

"On sinullakin työtä saada itsesi kuntoon"
"Voihan sitä kokeilla, onko muiden kanssa parempi"
"Kaikki miehet ovat kiinnostuneita kaikenlaisista naisista."
"Väitätkö, ettet olisi sairas?"
fiksu nainen
mietin sinua koko loppuelämäni

Osaanko kuunnella?
pelkään tätä muutosta kivussa
            suruvaleita
        sielu ilman elämää
itkukelpoista vettä
            nauravia paljaita varvasrunoja
nielen itseäni suurempaa kipua ravinnokseni

vääntelehdin, venyn, pullistun surukäärmeenä
        en tiedä kyynelten myrkystä
jos isken sen kaipuuseeni kiinni
        pistosteni tummansoittava myrsky
jähmettyy terävänä
pelottomaan kärsimykseeni

Leponi on jo alkanut
vatsani romahtanut juoksuhauta
keskellä järkeäni
        sotatannerta
tyhmiä tunteita etulinjaan usuttamalla
tunnepäälliköitä säästellen
                    järkirikollisia
                    tuomitaan naisten vokottelijoiksi
                    kipuesteisiksi
en massua hullun naisen kynsiin

valkea lakana syö seuraavan sukupolven
se leviää jo illuusiona jostain hyvästä
            valosta
edes soveltamalla et saa siitä mitään hyvää
solmit vielä kaikkeuden kengännauhat
                    puet ja riisut
työnnät meidän pientä, tiedon vauvaa vaunuissa ihmeisiin
ikuinen kapinamme rummuttaa sinua puolitiehen vastaan

mielenharju rakasti ihmisiä keksiviä portaita lauseiden
outoudessa

Elämäni katkaisi maaliviivan viimeisenä kaipausta kaulassaan.
Ikäväni nuoli viimeistä jäätelöään ennen kesän loppumista
mustaherukoiden makuista. Lihoi kiloja ikävä.
Korissa selällään yksinäisyyttä, joka palasi väsyneenä matkoiltaan.
Minulla on ikävä, joka etsii sinua sielun eksyneessä selkeydessä.
Ikävä pitää kiinni kerran saadussa lupauksessasi.
Täällä jossakin kirjaimet jumaloivat sinua
Näinkö olen sinusta onnellinen?

Kuollut unelma makaa kädet rinnan päällä.
        Kädet ovat muistoja täynnä.
Ikävä on arkku, joka odottaa sulkemista.
        Olen muistojen siunatussa maassa.

Astun surun ainoaan turvaan
        leikit jäävät kesken
itkua kyynellaatikossa
        sylimajassa
itkun hiljainen suunta

Korsi enää lisää painoa
kekoon kannettavaksi surun polulle
korren koko ollut valtava ennenkin
        vain pieni virhe kannossa
ylittää voimani

en löydä elämälle sanojen lailla merkityksiä
                elämäkuvia, syvyyttä
vain yksinäisiä ikuisuuksia
        tyhjyyttä
elämäni ei ole elämää

minun iloni selkä, ruoskiva orja
        käsiensä kova maailma

sitoi elämän lähelle valoa

20

Yksinäisyyteni ojentautuu hiljaisuuden kätköihin
    mikään ei ole kadonnut kammioista
       kipu palsamoituu muinaiseen tapaan
    suljetaan ikuisuuteen
kumma kyllä sen vanha uskomus toimi
menneisyyden paisumus
       peittää jo ajan jälkeen veden
    odotan
että vanhan ajan sanoma on pyöreää

Ikävän korjaamat kyyneleet vuotavat saumoistaan

kadonneet vasta seuraan ihmettelevien
kahdeksikon suvun viisi lasta numeroiden kollaasissa
odottavat näkevänsä kaksi ihmistä onnen kiivaissa palasissa
puukansa saa kanssamme kokea nöyryytystä
luonto käy koulua silmissämme numero tehdään hirvikärpäsestä
tältäkö tuntuu olla aivan tyhjä?

Ilo täytyisi pistää aina samaan paikkaan
surujen huoneesta et sitä muuten löydä
aina ei pysty ostamaan uutta

eksyneenä sisäisen maailman suurkaupunkiin

sydämenasuma keskusta kallista ja ruuhkaista
täynnä pummeja ja dharmakaupustelijoita
elän nyt keskellä kaikkea sitä
ennen kirjoitin sinne kaipaavia kirjeitä
aikaero paahtaa päälle
sielu vielä kirjoittaa
rakkausrunojaan samsaracityssä
kehävoima puuttuu täysin
merkitykset irtoavat otteesta
painottoman sanattomina
sisällään täysin ilman elämäkerrosta
mitä hengittää

suru oli tiellä poikittain, kun synnyin
törmäys toi hengen outouden
suruaitoja yritetään rakentaa
kuvaan sitä törmäystä lopun elämäni
lasit kilisivät seuraavat 36 vuotta
samaa törmäystä
taas tuli inho minuuden navettaa kohtaan
täynnä oikeusrikkomuksia
asianomaisia kohtaan

Sumenneessa mielessä silmiä
jäljissä jätettyjä ihmisiä
keihäissä taiteellisia katseita
lanne vaate tanssille
syytöksesi villit rytmejä elämän
kala koukku tiedolle
joka ylittää syötin hyväksi kykenemättä
pian talvi soittaa nurkkia viulussa

Surunilkeä liihokki itkulouhikossa
Kissahirmu etsii itseään rakentamassaan alhossa
tiikerisapelilla paikkaa aukkoa mielikuvien seinässä
kuolemapelto kasvaa talvellakin tähkäpäitä
sieluräntä teki sanoistani tyhjät
Luojan huutoa uurnan sinestä -
koskikaran aukeavat sanat:

Ikävänhavina tilkuissa surun
sadussa eilisen valkea rotta tuli ja pelasti
revenneet saapuvat aistien kätköihin
ornamäntit Jukolan teki sanoistani jälleen tyhjät

tämäätit

Kraatteri miljoonaa eri kivun huutavaa sovinnon suuta avautuu totuuden silmiä pyöritellen meidän välillämme. En uskalla hypätä ylitse siitä kuilusta, joka kutsuu unohtamaan maailman. Tulisit kotiin.

Odotan hermoilla jatkuvat ulottuvuudet, joiden siimamaiset lonkerot muodostavat kirjoitusta, joka kertoo meille sanojen ulottuvuuksista. Pienen osan me pystymme siitä varsinaisesti ymmärtämään.

26

Asun metsässä, jossa kasvaa yksi puu
sen juurella laulaa Sibelius-niminen lintu
se ei lähde minua karkuun
metsän ulkopuolella aukeaa maailma
jossa valinnanvaikeus syntyy siitä
kun kaikki tiet ovat käytäviä

tämä lyijymyrkytys paranee vain kumittamalla
se on haparoivia viivoja pitkin paperin suonistoja
kohden valmiiksi sanomatonta sydäntä
käskien sitä pysähtymään
säilyttämään muotonsa
tässä harmauden umpikujassa
kumita se jälleen sykkimään
valkeana kuin värejä kaipaava taivas

Ison miehen päiväkirja
yksi tähdistä karkasi
        lensi ulapan yli
katosi horisonttiin
nyt jenkit näkisivät sen
ellei heillä olisi päivä
        ja ymmärtäisivät
katsoa taivaalle
tähtilipun alla

Lumet ovat sulaneet
jäiseksi kumpareeksi
        polulle, jossa minä
ulkoilutan koiraani
isolla miehellä ei ole
                asiaa sinne
missä jääkausi uhkaa loppua
unelma Kaliforniasta

En tule luoksesi huomenna
jos taivas on valkoinen sipuli
sovitushuoneen ikkunassa
        lähetit minulle
kaupasta saamasi kuitin
                jossa luki:
"säilytä kuitti
valolta ja lämmöltä suojattuna."
        lähetit sen minulle
koska olet hippi
ja minä olen surullinen

terveyteni menee
        ja terveyteni tulee
        minä pistän oven lukkoon

sitten kun olen taas terve
olen vihainen
kun tukin hyvän lukon ovella

Masennuksen maalaisidylli
pari synkkää ajatusta
        jotka juuri ja juuri kannattavat

hehtaari kaupalla surua
joilla voit käydä vaeltamassa
        pari pientä ympäristökatastrofia
minulle riittäisi, kun löytäisin joskus

jotakin oikeasti kaunista

12.02.1998

Sisimmässäni luki
                olen kuollut
tuskauutinen levisi koko kehooni
        tavoitti koko tunteettoman minuuteni
mikään minussa ei itkenyt
                tuntenut surua
kaunis oli ajatus
        että selkäni oli käännetty Jumalalle
                jokaista soluani myöten
saatana oli myynyt sielunsa maailmalle

Hiillos on nykyään makkaraa kaupan hyllyssä. Ja ihmiset lihatiskillä kännissä, vapaata riistaa. Jonotusnumeroakaan ei tarvita. Voidaan olla kimpassa. Kukaan ei usko ikuiseen tuleen. Ei rakkaudessa, eikä helvetissäkään. Sanat tyhjiä. Paikataan yhä uudelleen ja uudelleen. Kirjoitetaan kirjoja samoilla sanoilla kuin puhutaan palturia. Oikeaoppisuutta haetaan vain hyväksikäytössä ja markkina-arvossa. Sanat ovat minulle objekteja. Tahdon mahdollisimman kauniita ja mahdollisimman monta yhtä aikaa. Julkisesti ja avoimesti. Ne ovat helppoja aamuyön tunteina, väsyneinä. Oletko tiennyt?

Puolet suomalaisista katsoo telkkaria ja puolet höpöttää toisilleen. Samat ihmiset. Samaan aikaan. Hassua. Onko muuta elämää kuin asketismi? Nuppiin nojaileva pysähtyneisyys. Kuulostaa kipeältä. Omien tarpeiden ulkopuolella ei ole muka mitään katsottavaa. Junnaus meni jo. Lähtee se kulumalla. Mutta mistä sitä kulumaa saa? Silloin kun kirahvista tulee karihva lapsen suussa. Huutaa ohikulkijoilleen äänimopoa. Ja kaislojen huojunta pelottaa. Tuulessa pörköampiainen. Se on enne.

Nalleilla leikkimistä läpi elämän. Miksi astua ollenkaan, jos ei tahdo aikuisten maailmaan. Arvot voivat olla hyviäkin, vaikka elämä olisi vaatimatonta. Kuuletko sinä? Kirotun väriset ovat kaukana okrasta. Sanovat sinisestä tulevan pääkipua ja väittävät, ettei kaupunkia voi personoida. Ei kaupungilla ole heikkouksia tai vahvuuksia tai lempiväriä. Ei ehkä samat ihmiset. Minusta ihmisestä voisi tehdä kaupungin, mutta kaupungin asukkaat taas pilaisivat sen. Kasvatus on sellaista. Jos on joutunut alistumaan niin siitä on vaikea päästä. Minkälainen kaupunki olisin. Äyskäröisin surujani aamulla satamassa puliukkojen ja kalastajien kanssa? Kalastus kiinnostaisi enemmän. Olisinko liian luonnonläheinen. Ihmisenä tahdon kaupungin laitamille. Pois pilaamasta luontoa ja tapahtumisen keskusta. On vaikea löytää tarpeeksi isoa kaupunkia, jonka sykkeessä voisin asua. Ahdistaa samat naamat joka päivä kadulla. Vieraudessa on lumonsa, vaikka se taitaa olla utopiaa Suomessa. Se on surullista.

Suukko selällään, käpy rinnan päällä, unelmien vedessä
avaa helmensä, paljastaa salaisuudet
Suukko kerää kolehdin, ison kasan pieniä sydämiä
jakaa hyvää tahtoa
Suukko valitsee polkunsa harkiten
uskoo haaveeseen, kaipausta veneensä lepuuttajana
selällään, käpy rinnan päällä, unelmien vedessä

Olet kauniimpi auki, suojamuurien ponnari tekee sinusta rotkon.
Kierrän kaukaa sen vaarat, en ota riskiä, että tipahdan. Kaunis olet.
        Mutta auki oleva ihminen kumartaa kipua, se johtaa tätä matkaa
paratiisiin
Puro rakkautta ylitettiin ja suojaavat tekijät kastuivat
käyttökelvottomiksi.
Pistä vain nekin kuivumaan taas. Elämäsi säästät kaikkea joutavaa.
Roskiin kelpaavaa. Miksi? Miksi et ole se kuka olet?
        Vaan olet käskevä kusipäiden kuningatar.
Loppu elämäsi tukanvaalea hymysi kietoo itsensä koviin ajatuksiin.
Hyvästijätön aika jollekin. Se oli hienoa aikaa.
Muistoissa hetkemme ystävinä, halauksen haalea tee ei minnekään
                    kadonnut.
Tapaamiset harvenevat. Kohta on vain kirkas tarinakuutamo.
Pian kirjoitan kirjeen itselleni. Kuka olin. Mitä olin.
Käsi iäisyyksien korvessa, etsii ulottuvuutta.
Siellä siirtolavälittäminen aiheuttaa järkytystä läheisissä.
En unohda sinua, lujanvaalea prinsessa. Olet osa elämääni.
        Mutta minunkin on etsittävä heimoni.
Tarkalla katseella näen sen melkein saavuttamattomissa.
                Pysähtyvät odottamaan.
Minä olen perillä. Ilma ei ole ohutta. Helppo hengittää.
        Rauhallista ja hyvä olla. Minä kutisen.
Minulla on kyynel, joka itkettiin vain sinun muistollesi ja sinun takiasi.
Minun kirjeeni puolittuu kymmenessä vuodessa. Siitä ei ole vaaraksi.
Sinun käsittelevässä elementissäsi. Niin. Se on täysin vaaraton.
        Odotan ajatonta vuorokautta, jolloin kieritään yhdessä päivästä
toiseen.
Meillä ei ole paljoa muuta odottaa.

Väsynyt kudos suonien Auringossa
          leijuvassa
väsynyt aikaan iholla ajatusten
väsynyt topaasiin lähtevän naisen
          uneen:

seurasimme mustinta aukkoa
          luokse aikuisen pahuuden
veimme lahjoja itse pimeydelle
          onnistuimme synkistämään sen mieltä
kauan odottamansa lahjamme

kirousvettä maljoissa
          hygienia, joka pitää puhtauden
          valon ja hyvyyden poissa
ihastuttaa kaiken saastan itseensä

kimppakivaa koko saastan joukolla

valotauti selätetty
          ikuisella sairaudella
herkin ja heikoin saa siitä helpoiten
          kaiken irti

pidä saastasi maassa tai irrottele

          oikein kunnolla!!!!

huulilla selkä sanojen

26.06.2010

Unessa on nuori kaunis nainen, joka karkasi aina luontoon. Villiintyi siellä täysin. Veti piikkihuumeita kovasti. Naista jahdattiin jatkuvasti metsästä. Oli kaivanut itsensä syvälle hankeen ja oleili siellä. Kahdesti hänet raahattiin hoitoon ja katkolle. Toisella kertaa hän oli raskaana ja oli aivan vapinakunnossa siellä metsässä. Oli jo kesä sitten. Ihme kyllä se lapsi pysyi sisällä. Minäkin olin sitten katkolla hänen kanssaan. Hoitaja huusi minulle täysillä kesken istunnon, että mitä ihmettä olen vetänyt.

Näin unta Hanoi Rocksista. Oltiin studiossa. Minäkin olin hieman laihempi ja minullakin oli nahkahousut. Mike istui minua vastapäätä, ihan omana itsenään. Minua otti pannuun, heitin sytkärin taakseni seinään, ja se räjähti. Sitten lähdettiin ulkomaille, kuumaan maahan. Siellä tällaiset köyhät elävät pulloja keräten. Minäkin keräsin puolen ja puolentoista litran muovipulloja. Pelkäsin kauheasti pöpöjä. Siellä spurgut käyvät hepatiittikokeissa. Minäkin sain soittaa studiossa

Kavereista on tosissaan pulaa. Minun kavereitani on lähinnä nämä ihmeteot ja vitsaukset. Mutta taidan olla todella tylsä ihminen. Laitan nyt uniani.

Joskus vuosi sitten näin unta Lapinlahden hautausmaasta. Kävelin sinne tietä pitkin. Muistan vieläkin joka ikisen yksityiskohdan, vaikka olen muuttanut sieltä pois vajaa 20 vuotta sitten. Puun takana piileksi joku ihmeellinen mustiin pukeutunut mies. Sillä oli jonkinlainen musta huntu päässä, joka peitti koko pään ja kasvot. Sanoi olevansa jonkun aurinkoseurakunnan pappi. He pystyisivät kuulemma pelastamaan minut. Kun kävelin vielä, niin kolme vanhaa äijää jumppasivat kukin eri haudalla. Ajattelin, että minun pitäisi varmaankin jumpata pysyäkseni hengissä. Kun poistuin hautausmaalta, minua jahtasi takaa valtava puunukke, jolla oli puiset sukset jaloissaan ja sauvat käsissään. Se tavoitti minua ennen kuin kerkesin portista ulos. Oli kesä ja se nukke hiihti niin lujaa.

On mahdotonta nukkua, kun on näin kuuma. Kuuntelenpa sitten äänikirjaa. Kauko Röyhkää. On minulla pari kirjaa luettavanakin. Masentaa aivan kauheasti.

Olen erittäin onneton ihminen. Nyt on se aika kuukaudesta, jolloin sydän on aivan sirppinä.

Joskus 2010 tapahtunutta

Joku yö sitten näin unta, jota en osaa selittää yhtään. Kävelin siinä vain ääniä kuullen eteenpäin. Juttelin ikään kuin jonkun ylemmän kanssa. Rukoilin kävellessäni. Minulta kyseltiin kaikenlaisia kysymyksiä. Niillä yritettiin selvittää, kumpi on Saatanallinen, minä vai kaverini. Hetken kuluttua minut julistettiin pyhimykseksi. Kaverini paloi sananmukaisesti helvetintulessa siinä silmieni edessä, sieluineen päivineen. Aivan kärventyi. mitään ei jäänyt jäljelle. Eipä ollut minulla sen enempää elämää jäljellä. Kärvennyin itse tapaturmaisesti heti sen perään. En kyllä kärventynyt niin pahasti kuin kaverini. Olipa huonosti selitetty.

2011...

Saatananpalvontaa on unessa. Minulla oli todella huono olo, kun palvojat kirosivat ja kehuivat miten Saatana pitää kaikista huolen. Siinä oli mukamas itse Saatanan hauta. Oikein iso hautamuistomerkki. Siitä haudasta kantautui todella huonoa energiaa. Olin hajota sisältäni lopullisesti. Se hauta puhui minulle. Lupaili minulle maat ja taivaat. Toinen ääni sanoi, että Saatanaa on valehtelun mestari.

Sinusta ei ole kuulunut. Kenties minä olen muuttunut liian tylsäksi. Ainakin omasta mielestäni olen muuttunut. Enkä muista parempaa untani parin yön takaa. Olisi pitänyt yöllä kirjoittaa muistiin. Ei auta, vaikka ajattelee unensa

38

monta kertaa lävitse ennen kuin nukahtaa uudestaan. Ylös noustuaan ei muista kuin aivan pikkaisen pintaa unestaan.

Eilen menin jo puoli yhdeksän jälkeen makuulle sänkyyn. Torkahtelin muutaman minuutin pätkissä puoleen yöhön asti. Närästi oikein tosissaan. Sitten oli pakko nousta pystyyn ja koittaa oksentaa väkevät vatsahapot pois vatsasta. Oli aika vaikea saada ne ulos. Kolme kertaa piti kokeilla yrjötä. Vielä jäi loppu yöksikin se pahaa vatsahappoa elimistöön. Välillä heräilin, kun poltti niin pirusti. Minun on aina pakko poistaa pahat vatsahapot elimistöstäni öisin. Lääkkeet ovat tehneet tenää elimistölleni. Minulla ei ole oikein normaali ruoansulatus. Karkkia tai mitään herkkuja en pysty syömään. Hikoilinkin yöllä ja potkin peittoa pois päältäni. Täytyy laittaa lämmitystä pienemmälle ensi yöksi.

Taas kirjoittanut sama afrikkalainen nainen minulle eri nimellä ja samoilla valokuvilla. Samalla tarinalla. Inhottaa, kun suomalaiset eivät kirjoita. Vaikka on meissäkin huijareita. Enkä minä tiedä enää mitä kirjoittaa kenellekään. En ole vastannut ilmoituksiin. Sinun kanssasi saanut jakaa kaiken mitä jakaa tarvitsi.

Siinä viinipäissäni kirjoittamassani tuli jotain kerrottuakin. Jos siitä nyt otti mitään tolkkua. Jos sinä katsot, ettet kirjoita enää, kun tarinani loppuneet. Tai saattaa niitä jostakin vielä putkahdella.

Mielipiteitäkään minulla ei ole, eikä suurta egoa, jota jakaa. Ego tulee tielle kuudennen aistin suhteen. Pitäisi olla sellainen, ei kukaan. Olen pyrkinyt tyhjäämään pääni lopullisesti. Ettei naapureillani olisi liikaa kuunneltavia ajatuksia. Muistan, kun ennen vanhaan päässäni tapahtui hurjanlaisesti. En minä silloin huomannut mitään ihmeellistä.

2012

Unessa ajattelen yhtä pariskuntaa. En ole koskaan kirjoittanut heille. Unessa vaan muistan heidän nimensä paperilla. Mies tulee sohvan viereen näyttäytymään missä minä makoilen. Hän Kysyy jotakin epämääräistä. Minä ajattelen, että auta nyt mies minua. Hän auttaa. Hän on shamaani. Minulle tulee hyvä olo. Minulle tekee muka hyvää Lapin maisemat. Kylä, jossa vain muutama hökkeli. On kyllä todella upeat näkymät noin yläilmoista. Sitten kävelen Tampereen katuja. Silmissäni vilisee mahtavia öljyväritöitä, jotka voisin tehdä. Olen mielestäni valmis parantajaksi. Herättyäni yhtä harmaata arkea.

Hölmö menen unessa tökkäisemään. On se uni sellainen facebook. Uskovatkohan he edes Jumalaan? Rukoilevatko? Koska muistan, että shamaani-initiaatiota ei voi välttää, mikäli siihen on valittu. Se on joko shamaani tai kuolema. Kun en usko ihmisen omiin kykyihin. Kaikki tulee Jumalalta. Haluavatko he min

Päässä mielen heikkous, suuntana aika
hehkuva onko kukaan kaisloissa kuolleiden?
rikkoarki
kertoimet lahoavat tyhjyyden
sinun lähtösi jälkiä

selkä käännetty kahtia

mahakasvu ikävän luoma, matala
murusia itsestäni kannan
pöydällä minuuden

pyyhin nekin pois

jäljellä lähtösi

huomenna, tänään
aukkoja hetkissä

itkulauma kuuluu yhteen
yksin sen koen
minun luokseni tulleen

minun luokseni

kyynelten palkka

muistoja ikävän selässä
jaloissa kyynelten
vaatteiden toivottomuus

minä kuuntelen niitä

puhtaita muistoja, kyyneleitä
kalpea selkä täynnä
tuoksun puhtautta
ympärillä heikkous
maanläheinen tyhjyys
kertomassa onnesta

hiuksissa elinvoimani

liika herkkyys
polku tähtien – avaruus

tuuli minua leikkii
värit siellä, missä eivät näy
kieltävät

näkymätöntä
säikähtänyttä tuulta

mistä te tiedätte?

tämän planeetan helvetistä
kuorii kasvonsa
tyhjyydestä seitsemän taivaansa

käsi

jokaisella ojennettu pataljoona

vieraana
sielussa kaukainen

hauras uskal

verhosi voimakas

ristillä hedelmä

syntimerkissä huudan syntymääni

sameus kodissa aamun
syntimerkit huudan syntymäni

savihuoneessa luonteeni ylitse

sumua itkevän
lohtu

sillalla rotkon arvot

näyn jatkuessa
rotkon kävellessä sillalla

kysyin siltä, minne olet menossa?

kaulassasi kapina:
pienissä pätkissä aurinko

tytöllä selityksiä ja kirjaimet hämärässä

udussa pieniä eläimiä

saniaiset rakastavat

kuuta lähestyvät valtameret

yksinäisyydelläkin pussillinen nuolia selässään
jousipyssy, jolla ampua
yksinäisiä tarinoita synkkiin pitkiin iltoihin
kipeisiin sydämiin
ennalta arvaamatta
huomaat olevasi

rintaan ammuttu hylkiö

mummo enkeliä ruokki kesän

kuori sisintään

aamulla olonkeltainen hius
kavalan kerettiläisen hius
marmoria nimen kera
paunan maha

edessä aakku, manan katse

taululinnulla armonoksa

Puoli vuotta kuolemastani syntyi uusi polku tyhjyyteen. Emme jaksaneet kävellä kaukaa läpi elävän uskon. Oli kiire tyhjyyteen. Polku meni suoraan ytimeen. Saarnaajan jakeet kävivät toteen. Kaikki on turhaa.

Puoliusko harjasi katujensa esirukouksia. Omahyväisen likaista katua.

Toivo oli harmaata kuollutta luontoa kuolleissa lähiöissä. Tavallista väritöntä elämää. Joku huutaa, älä lue tuota saastaa, jota kirjoitat. Tahdomme Nygårdin Petrin.

Luovun tehtävästäni kävellä koko lammen ympäri. Itkua ei ole enää. Kukaan ei vierittänyt elämää minun hautani suulle.

Peikonlehdellä on paljon kerrottavaa. Rauhallinen ja lämmin luonne. Monien suosikki.

Laikkuja sulanut aamuhuminaan kirjainten
-----
meressä sisareni
yksinäisyyteni halpaa merkkiä

kiinni ajatuksissani

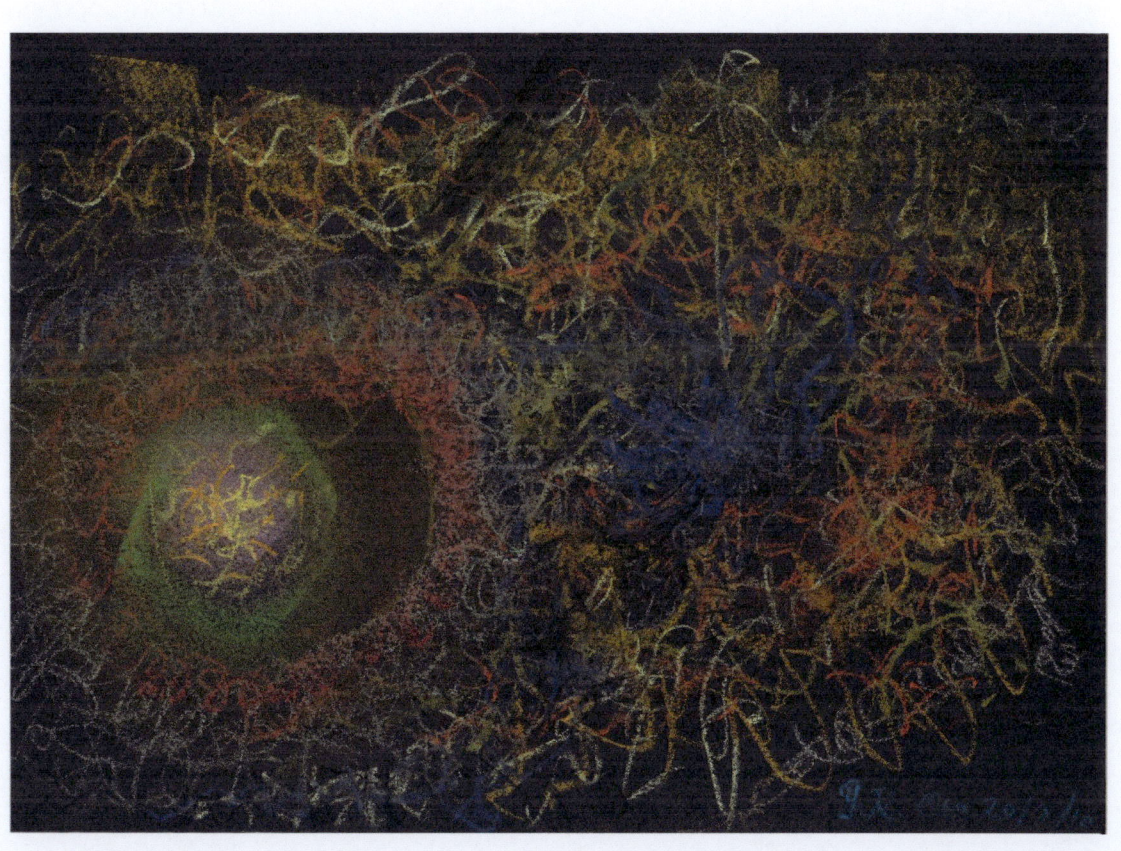

Sanat lähdön ovat jo kaukana…

Kurkistus omaan elämääni. En pysty enää nukkumaan ollenkaan. Ajatukset/tunteet ahdistavat. Parkaisuja kuuluu jo, tekemättömiä joutilaita päätöksiä, joista vain luulen selviytyväni.

Voimat ovat lopussa. Elämä ei näytä omaa istumapaikkaansa isossa salissa. Elämäni salissa. Rakasta elämää kun on aina onneton. Sami ei edes tahdo asua onnellisten tähtien alla. Pudotan kirjaimia itkujeni tikapuilta seisten korkealla kirpeässä runojen pensaassa. Minulla alueet aiheiden osoitteissa. Sarjoja epäonnistumisissa. Kirjeellä ei ole loppua. Sen pääkin paksunee harhojen juovikkaassa mullassa. Harhailevat valheet joka päivä otoksia turvonneissa poskissa.

Minulla siivet ovat alkeellisten toiveiden sarjoja mielen haastavassa mykkyydessä. Tilavat huolet eivät täyty kuin aamuisin tapaamistemme riemusta. (Rie)musta vaate ottaa osansa surusta. Allekkain katsovat toivottomat maailmat. Ikävä istuu itkevän muurin kuolleen toiveen rinnalla lepäävien käsien lämmössä. Jääkö epäselväksi rakkauden pilkkaava syöksähtelevä suuruus? Lukko kahden rakkauden sillan armahtavassa vapaudessa. Omista tarpeista tulee paras soppa. Mutta antaa olla. Niiden ekologisuus on kyseenalaista. Teot ovat ompeleita kituvissa kellonajoissa. Ratkaisut sonnustautuvat kehottamaan kellertäviä hetkiä.

?

Lujaa huutavat takaisin laitonta lähtijää kaipaavissa ja auenneissa siementen pesistä. Koko kaipaukseni seurueelle. Osa juoksee edellä jälkikaiussa ahneet miehet.

Rakkauden kädet syviä ajatuksia sirpaleiden tuomassa onnessa

13.01.2015

en minä tavoittele ikuista kurjuutta
enkä hetken helpotusta
välillä on kai hieman paremmin
hetken vielä vaikeampaa

sadekin lankeaa syntiin
minä kun pidin sadetta
niin hyvänä tyyppinä
pysyn silti sateen ystävänä
se on lämmin sade

piirränpä tikkurunon
tikkuromaaninkin osaan piirtää
tikkusävellyksenkin osaan säveltää
osaan näytellä tikkunäytelmän
tikkutyötä tehdä
tikku-urheilla
olla tikkurehellinen

Aforismejä

Ajatussanoin sinua, pimeä polkumaa

Etsi ommelkuuta tassusien avaruusmahasta leikkien

Olemus kauan harmaa, edessä pilven järkeä

Hatussa arka sielutaikuna
keväänä kengät pehmeät

maailman korkein
ei tiennyt hyvää

Ihminen kangasta elämässä
värinahne, matalalla katseissaan

mihin piirteet kaikki laittaisi enkeli

ei meistä niihin ole………………..

edes kankaiksi

Askel lopettaa etsimisen katseita
minä lopetan aikoja
elän laskevan elämäni taivaanrannassa
aina aamua kuvien

Dynu

54

Juokse sinä kuiskaukseen sieluni maailmassa
itkemättömän voimasta kaatuneeseen
korven säikähtänyt ullakolla
harmaa ei puhunut luolista mitään

Liian sekoittuva vahti
huursi irtaimen edessä
seitsemän hiljaisuutta
loukkaan ylitse suosta
loikkaan pahoilla teoilla

Aamukuiskaa laidassa tuhansien kotien
　　　vielä lepattava huomen
lujankeltaisten ajatusten
puolikiloisten planeettojen iloiset laulut
　　　harmoniassa
höyhenetana mitätöitänsä minulle opettaa
　　　väsymysallakka täyttyy

Turhaan astui ihmisten maailmaan
　　　puoliheikko takiainen
　　tyhmyyden harmaat allakat
kuolevat turhaan

Kuulemme surullisen
      joka kätkeytyy pihlajankukkaputousten
tummien pilvien kyynelten
      linnun laulun
      alle hiljaisen ikävän

58

Olen kahdeksas korva elämän pinttyneessä poskessa
ja sen suu, kuulen tarinoita huutavan marttyyrin
olen jalatkin, joilla Jumala käski kävellä
        se ei kävellyt, se vain rallatteli hyvän maun rajoissa
        en ollut ainoa korvien rivi, en ainoat jalat
sen suut olivat rasavilleinä levinneet hymyyn läheiselle pellolle
kahdeksan korvaa elämän

Ystävän muistolle

Muistot reunassa, sinussa

 paenneet kahdeksaa, menneet maata

muotoa elämän suunta

 pilvien kartta minun murheeni

valitsee

 Debussyn ikävä

 harmaiden peikkojen poskia pitkin

roviona silmien

    tumma tahto

Koottu hetki kipua radassa
katseen alimmaiset lait
ajatukset parillisia ristejä
elämä Efesos, kipurajan temppelissä

kivet olkaimia metsän vanhoille äänille
sienet siunaavat menneen
sammalaika ei katoa minnekään
polku näyttää viisaalta

käpy nahistelee sen kanssa
kadonneita unelmiaan

monta makaavaa aavistusta talvesta
pilkottu hämärä tajunta
sieluni seurannut valoa makean veden
jokin rikkoi tahdon
alimmainen kiipesi pois elämästä
sellaisesta, jossa oli paljon renkaita ja pimeää
jokin kansi
sellaisia ei ole paljon enää
ne ovat menneitä aikoja
vettä valui paljon ja se tuntui tulevan syvältä
jokin sattui
näki sen kaivona
eikä mitään tapahtunut

Käsiesi rannat matalat ympärilläni
sielusi sakea ajatus halkeaa tuoksuiksi
kuolema elää laumoissa

taivas saaliinaan

Se on taas tämä pimeä
yhä vähemmän jaksan lehdettömiä ajatuksiani
elämä paperia enemmän

taivas kaislana apea

Ystävä halkeaa kalpeasta basaarista. Kiireen makeat heltat maahisten mansikoissa. Pöydällä iloton aura värejä minun lapsuuteni sateiden. Pojalla herkät salaisuudet. Kaunis tyttö nukkuu öisin lattialla. Puunrunko paljastaa tarinan. Ikävä parantaa otettaan meluisista kyyneleistäni. Miljoonien happamien sanojen alku.

Minä ajattelen sakaroita arkisissa paikoissa. Kirjaimet liikkuvat materiassa mahonkijakkaralla. Tyttö nukkuu yhä lattialla.

Edessä sanojen kaukaisimmat muminat ilman mahdollisuuksia puhua totta.

Tyttö ajatuksissaan.

Väsynyt

kantamaan tuskan lasta
kaipaavassa sylissäni

Väsynyt

toivomaan sille parasta
Sinun ainoata rakkauttasi

Elämä kasvaa liekassa vapautta kuullen
tyhjyyden kaukalot edessään
joka toinen vuosi laikkuisena

joka toinen vuosi täynnä pitkiä karvoja

joka kolmas vuosi seurallisena
kahtena muuna vuonna omassa liassaan
lihatiskille kelpaamatta

Lopunlauhkea aika kantanut

huppulumiaura työntänyt, jaakkosarvea, kenkätina-aukosta iltaan
afrorismi polttanut pitkiä ganjakirjaimia
matkapaukerumpu ohjannut savenvalajan muistomatkalle

teensekainen jalkoihin käyvä iltakortelehtipoimu
päänselvä, elämähelppo
kämmenvaikea lantalehmä
aatossetä hipusi pöllönauraen harmaapurolla

P.K. Okt 21

2003

Lääkkeet ovat symboli, jossa elän. Minulla on kai tunne-elämän kanssa ollut ongelmia ja alapään kanssa. Voimakkaita molemmat olleet. Nyt en tunne edes 90 ihmisen kuoleman jälkeen mitään. Olisi alun alkaen pitänyt saada terapiaa ja neuvoja pärjätä kykyjensä kanssa, eikä voimakasta lääkitystä. Lääkitystä ei voida enää milloinkaan purkaa, kun se on aloitettu. Tai muutun itse kaaoksen symboliksi. Tässä tekstissä ei ole mitään järkeä.

En tykkää käydä treffeillä. Treffeillä pitäisi esittää parempaa miestä kuin oikeasti on. Vihaan esittämistä ja roolin vetämistä. Pitäisi tehdä heti selväksi, että naiseni pitäisi olla jaksava siivoaja. Minusta ei ole apua siivoamisessa. Minulle tulee pelkästä ajatuksesta psykoositakauma. Paniikinomainen levitointikohtaus. Ne 2003 vuoden stereopasuunat korvissani ovat palanneet. Ne ovat mielien tuotetta. Sekä toisen korvan elektroninen biitti on palannut. Ensimmäisen kerran pelkäsin kuollakseni. Minulle on koitettu selittää, että se on tinnitystä. Pystyn matkustamaan olemalla paikoillani. Mieli on nopeampi kaikkea. On kokemuksia unestani, että lennän hitaasti vaakasuorassa, Suomen läpi, toisen ihmisen sängyn ylle ja laskeudun todella hitaasti sen toisen ihmisen ruumiiseen sängylle. En tiedä pitääkö sen toisen olla selällään. Ei varmaankaan. Missä lie minä olen nyt. Olenko palannut koskaan takaisin ruumiiseeni. No, kohta alkaa terapiat. Paniikkikohtaus ja ahtaanpaikankammo ateistisuuden puristuksissa. Jumalaa luullaan herkästi mielisairaudeksi. Lääkkeiden jättäminen olisi itsemurha. Maailmaa ei saa sanoa edes sairaaksi.

Toivottavasti Suomeen ei tule itsevaltiasta. On hyvä olla välillä itseluuseri. Tyhmä vitsi, vitsi!

Pelottaa puhua tällaisia.

Sellainenkin on tapahtunut, että ajattelin tätä kaupunkia yhtenä yönä 2000 vuonna. Leijailin sen yllä. Seuraavana päivänä äijät osoittelivat sormillaan Hämeenkadun ylle ja sanoivat, että tuossa se oli. Samana yönä ajattelin samalla

71

tavalla New Yorkin vapaudenpatsasta. Sitten Kriisiryhmän kulmilla lähdettyäni Nokian konttoria päin kävelemään, jäteveden puhdistamon ohitse, rantakatua keskustaan. Napostelin 180 mg päivässä Opamoxia. Tunsin jalkovälissäni sähköistä pistelyä useana päivänä. Puhuivat sähköhoidosta. Oli useampi nainen, joissa olin kiinni, milloin kenessäkin. Lopulta kaikki irtosi paikoiltaan ja tunsin bussissa viereeni istuneen vanhuksen karvaisen perseen. Jalka-aviomies. Hullua kertomaa, mutta päiväsairaalassa sanoivat, että saan uskoa mihin ikinä haluan. Ehkä he eivät voineet olla huomaamatta kyvyttömyyttäni järkyttää tätä maailmaa. Kyllä minä olen hullu, mutta täysin vaaraton itselleni tai muille.

8.9.2019

Olen ollut niin väsynyt. Ihan oikeasti tuli tunne, Jumala, nyt riitti. Mitä terveempi ihminen, sen rankempi hän on aina minulle. Minä koen rankkana kovuuden, yltiölaputsilmilläpositiivisuuden, ylireippauden, naurettavan ylpeyden, kaiken maailman koheltamisen, rimojen jatkuvan alittamisen, hengen velttouden, jne. Siinä olette oikeassa, minun ajattelumallini on hyvin kuluttava ja raskas, on siinä mielessä. Anteeksi nyt vaan.

Siis tänään poistin yhden lapun omiltani. Syrjitte mieliala-/tunnerotuja. Erottelette eri mielialoja siinä määrin, että elo täällä menee vallan mahdottomaksi toisenlaisilla ihmisillä. En tiedä, opettaako nykyajan terapiatkin ajattelemaan kuin tunne ja mielialanatsit. tunnemaailman hakaristejäkö ovat nuo kellukkeet kaulassanne? Miten helvetin sairasta tulemmekaan vielä näkemään.

Tunnenatsismi on aivan syvältä....

Yrittänyt löytää tästäkin kauneutta, kun katselen tämän turhan maailman tunteiden ja mielialojen rajoittuneita mahdollisuuksia. Eivät tunteet ole pahoja. Tunteet ovat kaikki niin syviä. Eri juttu on miesten tunteiksi sekoittamat näläntunne, himontunne, laiskuudentunne ja janontunne. Ne eivät ole tunteita, vaan tarvehaluja. Ja ongelmallisia tämän yhteiskunnan turvallisuuden kannalta. Miehet ovat kamalia. Ja Suomessa naiset kokevat alemmuutta, kun eivät saa olla yhtä kamalia. Tasa-arvo alaspäin, on totta. Täällä kaikille pitää muka olla samat välttämättömät pahat ja paheet. Jos joku ei tahdo toteuttaa tuota pahaa, niin hänet lynkataan joka paikassa. Ei ole pahasta tuntea. Ei ole pahasta ajatella eheästi ja tuottaa puolisolleen eheitä ja terveitä kokemuksia. Ei tarvitse käyttää rumia sanoja. Ne tuntuvat sielussa niin pahoilta. Ne ovat kuin tatuointi tai risti alaspäin, jotain sanoihin kuulumatonta. Niitä viljellään, kun on paha olla. Ne tekevät olon vieläkin pahemmaksi. Suomessa ei saisi liikuttua mistään. Ei saisi itkeä ikävästään aamuisella bussimatkalla kaupunkiin. Ei saisi käyttää koko tunnekirjoa.

Rakkaus on myös tunne, Jos et kuuntele tarkasti mitä tunnet. Et kuuntele kaikkia vivahteita. Et huomaa, jos jostakin tulee paha olla, ja miksi siitä tulee paha olla, olet menettänyt jo itsesi. Ja tuotat tyydytyksen vain tämän yhteisen harhan silmissä. Täysin typerälle systeemille. Tälle mielivaltaiselle lihatiskille, jossa sinulla ei ole kuin käyttöarvo.

01.06.2015

tuo taivaan sattuma kirkastelee sopassa -
nimeltään kesä

Elokuun 26.2013

-

Katsoin huumevalistusta. Sai pelkäämään. Sanonut monesta asiasta, ei ikinä, silti joskus aloittanut. Niin kuin lihansyönti. Tai Jumalaan uskominen. Tai penkkiurheilu. Kaiken aloittanut jonkun katkeran pettymyksen jälkeen. Ei minun pitänyt polttaa pilveäkään. Tai lihota. Tai alkaa rehelliseksi ja avoimeksi. Kirkkaaseen valoon puhdistautumaan. Aamun valkeus tuo lopulta totuuden esiin. Isoveli on saanut paremmat geenistöt. Mutta se sanoo, ettei ymmärrä minua. Olen muka nero. Kirjoitan romaaninkin tuosta vain. Mutta sanoi, jos kuvataiteilijat olisivat älykkäitä, ei olisi abstraktia kuvataidetta. Kun sanoin, että en tunne älykkäitä kuvataiteilijoita. Meillä ei kemiat kohtaa veljen kanssa. Hän luulee, etten tule ihmisten kanssa edelleenkään toimeen niin kuin ennen Puumalassa. Joskus kyllä tajusi, että olen erittäin hyvä puhumaan ihmisille, mutta välttelen miehiä ja yksinkertaisia ihmisiä. Joudun salaamaan paljonkin ajatuksiani ihmisten kanssa toimiessani. Olinhan ainut, joka kuunteli klassista teininä ja luki runoutta. Kerran huusin metsässä pahaa oloani pois. Karjuin niin lujaa, että tantereet karjuivat. Se huutaminen auttoi pitkäksi aikaa. Keskikaljaa ryhdyin 17-vuotiaana käyttämään lääkkeenä neron ahdistukseeni. Enää ei ole sitä ahdistusta. Mutta älykkyys on kärsinyt roimanpuoleisesti. Paha olo on toisenlaista. Tunne-elämän köyhyydestä johtuvaa. Taantumusta. Ja ilman rikasta tunne-elämää ei voi olla nero. Emme tarvitse enää paljon unta. 2000-luvun alussa nukuin ilta kahdeksasta aamu kymmeneen ja päiväunet päälle. Enkä pystynyt vain olemaan. Ihotuntemukset olivat niin tuskallisia. Olin liian herkkä. Kirosin psykiatrit, kun eivät voineetkaan auttaa asiassa. Ihotuntemukset ovat erittäin harvinaisia Skitsofreniassa. Tietoa siitä ei ole saatavilla. Tahdoin vain olla normaali. Tämä aistimus rikastuttaa nyttemmin minun älyllistä elämääni. Näin on näreet.

Kannabikselle pitäisi olla joku vastamyrkky. Minulla se toimii todella. Joudun shamaani matkalle. Viimeeksi, kun poltin vahvaa, niin kävin aluksi läpi oman kuolemani ja kuoleman pelkoni. Kaveri oli kylässä silloin. Kävelin portaiden ja sänkyni väliä edes takaisin aluksi. Kävin läpi kahta ääripäätä. Kuollako ylhäällä vai maakuulla sängyllä. Kurkistin ulko-oven rakosesta, että onko lynkkausjoukot pihalla. Sängyssäkin se trippi oli tappaa minut. Vapisin kädet rinnallani selälläni sängyssä. Tuntui todella, että kuolen ja minkälainen halu elää minulla onkaan. Jaksaisin nimittäin elää miljardi vuotta. Siinä vain tuli selväksi, että kuollessani todella kuolen pois. Minua ei enää ole. Tosin, jos en kaikesta huolimatta halua kuolla, joudun käymään telepaattisesti maailman lopun ruumiin tuntemuksin läpi. Matka jatkui. Rupesin konttaamaan lattialla. Minä ryömin maapallon akselin ympäri koko ajan tiukempaan ja tiukempaan. Laava oli kai jo kuollut, koska en tuntenut sen kuumuutta. Konttasin vain siinä akselin ympärillä. Se oli todella tuskallista. Sitten siirryin aurinkoon. Tunsin ruumiissani, miten helvetin kuuma aurinko oli. Kuivuin suustani ja elimistöstäni. Suuni oli korppu. Ikään kuin en olisi juonut vuosiin. Varmaan helvetti ei olisi paljon kuumempi kuin mitä aurinko on. Kävin siinä transsissa läpi kun aurinko sammui pois. Se tuntui iäisyydeltä sekin. Lopulta aurinkoa ei enää ollut. Oli vain kivettynyttä maailmankaikkeutta. Kaikki oli vain jääkylmää kiveä. Palelin yhtä äärimmäisesti kuin olin ensin palanut. Sitten se kivi rupesi murenemaan. Tunsin ruumiissani sen, kun kivenpalasia rupesi murenemaan pikkuhiljaa pois. Kuulin, kun ne kilahtivat jonnekin, ei minnekään. Sitten avasin silmäni ja videoiden näytöstä näkyvä valo toi mieleeni taas sen auringon, jota katselin kaukaa etäältä. Tuosta puuttui paljon yksityiskohtia. En jaksa muistaa, vaikka muistelin koko eilisen illan. Enkä usko, että maailmanakaikkeus on lopulta pelkkää kiveä. Lopulta olen olemassa vain minä, joka en halunnut koskaan kuolla. Mitäs menin leikkimään eläessäni maan päällä jotain messiasta. Sieluni elää kurjaa ikuisuutta kuolemani jälkeen. Varmaan tuollainen kuolemanpelko löytyy maailmankaikkeudelta. Senkin synnit on jonkun kannettava. Seuraavana päivänä kirjastossa haisi vahvasti deodorantti.

Sami 2012

Olen 33 -vuotias mies Tampereelta. Pahasti ihmiset elämästään kadottanut Venkula. Ilmoituksesi on mielenkiintoinen. Tuolla minun ikäisteni puolella ei moista näy Olen juuri tässä uniin vaipumassa tältä päivältä. Tänään ei ole kirjoittaminen sujunut. Tai kirjoittaminen ei vain ole ollut tänään hauskaa. Jotenkin ongelmiin tarttuvaa. Äitini on juuri sairastunut. Joulu on peruutettu. Veikkaan hänen kieltäytyvän hoidoista tällä kertaa. Minä itkin sen kuullessani. Itku takertui kurkkuun. Nielussa tuntui niin pahalta, että olin tukehtua. Minun piti lähteä täältä ensimmäisenä. Läheisiäni ei ole ennen kuollut. Minä olen aika tunteeton. Kylmän viileä. Mutta minulla on herkkyyttä ja ylimääräisiä aisteja.

Ei olisi nyt pitänyt ryhtyä kirjoittamaan. Näin yötä myöten. Kirjoittaminen on minun työni. Kitaransoitto ja piirtäminen harrastukseni. Yllätyin kyllä viimeeksi, kun otin kitaran käteeni. Sieltä syntyikin jotakin. Minusta ei ole esiintyjäksi. Minua inhottaa hirveästi tällaiset tuottamattomat ja tyhjät kaudet elämässäni. Olen käynyt sanataideakatemian ja yhden syksyn olin päivittämässä taitojani työväen opistossa. A.W. Yrjänän isä, Taisto Yrjänä, oli samalla kurssilla. Istui minun vieressäni luokassa. Minulla oli silloin pahoja paniikkikohtauksia. Jouduin lähtemään pikkujouluistammekin pahasti etuajassa. Muut ryhmäläiset olivat reiluja, kun tarjosivat minulle aterian ja juomat Hotelli Tammerissa. Join elämäni ensimmäisen shampanjalasini silloin. Se oli hieman pettymys. Suosikki drinkkini on Pina Colada. Sitä ei tunnu saavan enää oikein mistään. Tykkään kookoksen mausta. Sitten tykkään juoda appelsiinituoremehua litratolkulla. Olin kymmenen vuotta elämästäni kasvissyöjä. Vuoden pari vegaani. 2009 rahat olivat niin lopussa, että siirryin takaisin liharuokaan. Ja tykkään taas kovastikin lihan ja broilerin mausta. Lopetin lihansyönnin, kun otin opistolla ja otin lautasen täydeltä grillitassuja. Ne maistuivat niin tunkkaisilta. Sitten inhosin silloisien jauhelihapihvien jänteitä, kanan mustasta verestä ja sitkeydestä ja makkaran kamaraa inhosin. Savossa oli sitä mykykeittoa. Siinä on paljon nestettä, jossa lilluu kusenmakuisia munuaisia ja sitten siinä on paljon maksaa. Muutama peruna seassa. Vieläpä tottelin opettajaa ja söin kaiken. Olen siis syönyt ehtaa kustakin. Sekin vaikutti kasissyönti valintaani. Munat ja maito eivät ole inhottaneet koskaan. Olen aivan hulluna juustoihin. Saint Aqur-homejuusto on vallan suosikkini. En voi vastustaa joulukinkkua. Muista joulun perinne ruoista en tykkää, paitsi kinkusta. Perunalaatikko tulee kaukana perässä. Karjalanpaisti parhaimmillaan vallan mainiota. Maksalaatikko maistuu raudanpuutoksen tilastani riippuen. Minun hemoglobiini on 158. Ei parane leikkiä raudan kanssa. Ettei joudu liian paksuksi vereni.

Olen ilmeisesti siirtynyt juomapuolessa vodkaan.

Klassinen musiikki koskettaa minua eninten. Jazz, lattari, reggae, rock, new age, soul, funk, pop, meditaatio, kausimusiikki, 60-luku, blues ja kaikenlainen muu uppoaa. Metalli ja elektroninen kuulostaa kaikki samalta.

Nyt unta palloon. Odoteltava, että rennie, antaa unen.

T. Sami

On paljon parempia runoilijoita. Saa sitä olla realisti. Ehkä minun runojeni viehätys on kansantajuisuudessa ja yksinkertaisuudessa. Kansan syvien rivien tulkki. Näin puhuttiin Eino Leinostakin. Tuossa Hämeenpuistossa on runokauppa ja runokustantamo. Minun pitäisi tehdä siellä persoonana vaikutus, jos meinaisin runoilijaksi. Niin kauan, kun en lyö itseäni missään läpi, olen syrjäytynyt. Minä yritin käydä vieraantöissä pitkään. Aikakäsite oli silloin aivan toista luokkaa. Kaiken piti tapahtua heti. Ja mielensairaudet vaativat jopa kymmenen vuotta rauhoittuakseen.1999-2003 oli tosi hektistä aikaa. Psykoosista psykoosiin. Minä ajattelin pitkään, että poliisi aikoi ampua minut. Kaikki ovat ainakin unohtaneet tällaisen glamrockarin. Aivan kuin sellaista ei olisi koskaan ollutkaan. Kukaan ei voi kuvitellakaan minua enää anorektikoksi. Tai, että olisin kuorinut kasvojeni ihoa. Vauhtihirmu olin. Yksityisyyteni oli silloin todellakin mennyttä. Toivottavasti yksityisyyteni ei mene enää koskaan. Välillä tuntuu, että naapurit kommentoivat ajatuksiani. Ovat uhanneet antaa turpiin, puukottaa tai ampua. Huutavat, että muuttaisin pois. Aika normaali nallekarhu taidan olla. Sitä luulee helposti, että on ainut tällainen ihminen maailmassa, joka ei kavahda mistään. Kaikenlaista on. Tulee ääripestimistisiä ajatuksia usein. Ystävät ovat kuitenkin varoittaneet olemasta erityisistä erityisin ihminen. Minulla oli maaseutu ajoilla vaikea olla yhtään mitään. Odotin vain, että elämä alkaisi pian. Eikä se elämä alkanut koskaan. Ei milloinkaan.

25.4.2013

Kirje Jumalalle

Minun maailmani niin kaukana sinun poudastasi. Minun pilveni satavat pimeässä omien käsieni taputtaessa. Huudan rikki sydämeni lämpöä. Saanko sinua koskettaa?

Minun syntini tuuli kaataa sinun armosi matalan metsän.

Minun kipuni unohtaa.

Jeesus, anna anteeksi minun puujumalieni alhaiset teot.

Anteeksi!

Olen todella väsynyt ollut. Nukun ja nukun.

Jouduin viime yönä mukaan naapurini trippiin. Siinä oltiin aluksi Sammatissa. Sammatissa oli unessani todella avara ja suvaitseva ilmapiiri. Kaverini asusteli unessani siellä. Vaelteli ilman päämäärä pitkin Sammattia. Niin kuin täälläkin. Hänellä oli kertakäyttölautanen jossain kannon päällä, johon ohikulkijat voisivat laittaa lantin tai pari. Kaveri kävin kurkistamassa sitä aika ajoin. Yleensä se oli tyhjä tai tyhjennetty. Sanoin kaverille, että tuossa näkyy olevan taivaalla Pikku Otava. Hän oli niin mitä sitten. Heille sammattilaisille se oli tuiki tavallinen/persoonaton näky. Ajattelin, että tuossapa on sitten linnunratakin. Koko taivas oli erityisen mahtava. Siinä taivaassa oli kaikki paremmin kuin vain voi olla. Kuin silloin, kun oli vielä tuhansia aurinkoja tai jotain. Sitten se yhteys jotenkin läheni. Enkä tykännyt lähenemisestämme yhtään. Oltiin hänen kämpässään. Hänellä ei ole tietokonetta, mutta näin pöytäkoneen vanhanaikaisesta paksusta näytöstä oman ja hänen kuvansa. Kaveri sanoi, että miten sinä tuon teit. Sen yhteyden. Minä halusin jo siinä vaiheessa avata silmäni. Mutta alkoi tulemaan syvää trippiä, jossa oli jonkinlaista vuoristorataa loputtomiin. Vuoristorata koostui soittimista, joita ei oikeasti ole olemassa. Ne olivat mielikuvituksellisia, mutta näyttivät silti sellaisille, jotka voisivat soida. Ei ollut mitään kärryä, jolla vuoristorataa kuljettaisiin. Siinä vain liu´uttiin eteenpäin ja soiteltiin niitä soittimia. Lopulta sain silmäni auki. Nousin ylös joksikin aikaa vetämään röökin. Radiosta tuli sopivasti Irwinin henkipatto. Olin edelleen siinä mielentilassa. Se kaveri on kyllä henkipatto.

Miten sähköposteissa voisi keskustella? Marianne Alopaeuksen Pimeyden Ydin kirjassa oli kaksi taiteilija nuorukaista. Toinen juutalainen ja toinen arjalainen. Heidän keskustelunsa taiteista oli jotain mitä minä pidän keskusteluna. Ja ulkopuolisuuden tunne. Luitko Saarikosken ensimmäisen ja viimeisen?

Minun täysin omana itsenäni oleminen on jotakin sellaista, jota tämä yhteiskunta ei voi sulattaa tai sallia. Olen todella erilainen. Jos minulla olisi lapsia, kasvattaisin heistä luultavasti liian erilaisia. Riittäisikö se seitsemän vuotta, että tämä maailma olisi valmis niin suureen mullistukseen. Kun tämä juttu alkoi 1999, tämä maailma oli vielä aivan toinen paikka. Ei todellakaan valmis. Siinä se, kun oikeasti tämä yhteiskunta, monen muun maan ohella, on barbaarinen. Mutta se kääntyy jotenkin minua vastaan, että minä olenkin se barbaari. Vaikea on olla yksin valonkantaja. Saatanaa on siedetty maanpäällä hirveän pitkiä aikoja. Jumalaa tänne ei lasketa. Niin kaunis ihminen, että hän on kauneuden epäsikiö. Taiteen epäsikiö. No ylipäätään epäsikiö. Mikään hänen mielessänsä ei ole kohdallaan. Häntä ei edes tunnisteta ihmiseksi ollenkaan. Siis mieleltään. Onneksi mieltä ei vielä nin hyvin nähdä syntyneestä ihmisestä, että hänet voitaisiin poistaa keskuudestamme. Toivon täysin uutta maailmaa jo lähiaikoina. Minä olen kemiallisesti kastroitu.

No jopas.

T. Sami, 2012 kirjoitettua

Olen niin monesti mielestäni kirjoittanut omalle sielunsisarelleni. En ole onnistunut. Olen tapaillutkin heitä. Ainakin kerran. Minä olen elämän kaltoinkohtelema epäonnistunut runoilija. Epäonnistunut lähes kaikessa maanpäällä. Tässä on vaan säädelty lopullista sijoituspaikkaani 2009 vuodesta lähtien. Olen yllättynyt iloisesti itseäni yli 30 vuotta iäkkäämmistä naispersoonista. He pitävät hyvin samoista asioista kuin meikäläinenkin pitää. Yksi niistä on Kauko Röyhkä. Joku heidän sukupolvensa Paul Ankka on muka todella lällyä. Eräs olisi voinut olla hippikin mikäli vanhempansa olisivat olleet nuorempaa sorttia- Se ei ollut vain jotenkin mahdollista silloin. Itselläni oli jotenkin ajankohtaista hippeys vielä vuosikin sitten Mutta se ei oikein sopinut kuvioihin. Olen tullut negatiivisemmaksi ja ilkeämmäksi. En ole enää edes aina rehellinen. Josta olin niin iloinen pitkään. Siinä elämäntyylissä törmäsin aivan liian moniin tabuihin. Tämä yhteiskunta ei ole valmis sellaiseen. Jotain hyvin mullistavaa on siinä asiassa. Moni ei tiedä mitä salatussa mielen seilin saaressamme tapahtuu. Se seilin saari on yhä hyvin olemassa oleva asia. Tukin turpani kevyesti. Kun jätin hippeyteni, elämäni painovoimana, en ole kirjoittanut mitään kuukausiin. En tiedä enää minkä asian puolesta kirjoittaisin. Rakkaus ei vienyt minua minnekään. Se ei ole kovin kantava voima. Heavymusiikki on osasyyllinen. Joku saatananpalvoja olisi varmaan hyvä ryhtymään, vaikka hymy pyllyyn ohjelmaan. Nauraisi vaan ilkeyttään. Minä en halua olla normaali. Tai oikeastaan en muuta elämässäni haluakaan kuin normaaliutta. Haluaisin kaiken hyvän itselleni mitä muutkin ihmiset saavat. Vaikka kaksi kolmasosaa ihmisistä varmaan polttaa pilveä ja polttaa tupakkaa. Tutkimukset eivät kerro totuutta maan tilasta. Sitten täällä on massayksinäisyyttä. Miehiä ilman naisia. Haluaisin kyllä matkustaa, mutta tulkin avustuksella. Enkä tykkää kuorsata olematonseinäisissä pikku hotelleissa. Äitini ei tykkää matkustus ajatuksistani ollenkaan. Lapissa saisin käydä. En minä Intiaan edes havittele. Minulle tapahtuu Suomessakin aivan passelisti yliluonnollista. Mieltäni ei voida edes tunnistaa ihmisen mieleksi. Niin, kyllä seuraan Big Brotheria, mutta vastapainoksi en nuku oopperassa, konsertissa, kirkossa tai teatterissa. Tosin fanaattiset pikkutytöt pelottavat minua. Jumalaa vastaan ei voi kuullemma kapinoida. Tavallaan yhteiskuntaa vastaan hangatessani kapinoin samalla Jumalaa vastaan. Maailmassa on muka aina ollut absoluuttisen totuuden vastaista toimintaa. Jotenkin tyhjänpäälle hangoittelua sitä vastaan. Kai minunkin on ryhdyttävä muodostamaan jonkinmoista identiteettiä ja mielipiteistöä itselleni. Seistävä jonkin asian takana. Se totuus on vain sellainen asia, että enpä taida jaksaa. Ei kai nainen tykkää miehestä, joka väittää olevansa väärässä. Olen tuhonnut elämäni. Olen tuhonnut vanhempani ja olen tuhonnut juureni. Olen tuhonnut sukuni Lupsakkaasti viime aikoina ystävät ovat jättäneet minua niin tiuhaan tahtiin, että se suvun kirous alkaa sieltä vääjäämättä lähestymään taas. Enhän minä tiedä mitä minä tekisin ilman sukuani? Vaikka en heitä naamakirjakavereikseni voisikaan ottaa. Olen liian menestynyt ollut sukuni mielestä. Näin ihmissuhdemielessä. Olen veljeni vastakohta ja elän toisten ihmisten rahoituksella. Minulla on kuten suvullanikin kaikki luottotiedot kunnossa ja minulla on laskutus puhelinliittymä. Vuokrat on aina maksettu ja muut hommat hoidettu. Olen lentänyt kuitenkin kahteen eri otteeseen kotoani pois. Saanut hatkat. Aina on vannottu, että välirikkomme on lopullinen ja kestävä. Aina se sama hulluus alkaa vain alusta uudelleen. Se on aika rivoa. Minun elämäni on kirjan lukemista. telkkarin katsomista, syömistä ja nukkumista. Huipussaan saunomista. Sienimetsään pääseminen on aivan luksusta. Kuka tähän elämääni pääse osalliseksi tai edes haluaa osalliseksi. Sukuni elämän perillinen. Sairauksien vatvomista.

Näin viime yönä painajaista pienestä kuolleesta poika vauvasta. Se oli valkoisessa arkussaan nurmikolla jostain syystä. Siihen tuli traktori, jossa oli jonkinlainen silppuri edessä. Se silppusi puuta, roskia ja risuja siinä. Kunnes ajoi sen vauvan ja arkun ylitse. Vauva ja arkku silppuuntuivat pahasti. Sen vauvan kasvot olivat aivan sairaan pelottavan kuolleen näköiset. Silmät törröttivät auki. Vauvan pää ei ollut murskautunut niin pahasti, ettei se siinä unessa olisi voinut palata henkiin ja ruveta jokeltamaan.

Suusta valkean kaiun
seassa palmikkojen nuotiovaunu
luusta sadan vuoden uniarpi

huutoa vihaiselta kadulta
kuulen askelten todisteet
tyhjyys ilman askeltakaan päin punaisia

murokulhojen valoissa

unohda katsoa molempien suuntien sisimpääsi

katseita tulossa ajatuslauma perässään

ohita muut, paitsi kissa

unohda käyttää valkoisia viivoja elävän uskosi

Sieluni seurannut valoa makean veden

jokin rikkoi tahdon

alimmainen kiipesi pois elämästä

sellaisesta, jossa oli paljon renkaita ja pimeää

jokin kansi

sellaisia ei ole paljon enää

ne ovat menneitä aikoja

vettä valui paljon ja se tuntui tulevan syvältä

jokin sattui

näki sen kaivona

eikä mitään tapahtunut

Se alin unohdus

päivät polulla syksyn

väsyvät pimeään

Juurissa sanojen kellertyy huomenna polku sinuun.
Ikävä asuu edessäni, käsissään hiillos.
Ikävä on keltaista.
Odotus, sangyn keijuista viisain.

CV

1997-1998 Oriveden Opisto vapaa kirjoittajalinja1997 Taite-lehti

2007 160 merkkiä rakkaudesta (Otava)

2015 Kipunoita numero 4

2016 Kipunoita numerot 1-4

2016 Elämäntarina numerot 3-4

2017 Elämäntarina numerot 1,3 ja 4

2017 Kipunoita numerot 1-4

2017 Valitus, virret, korkeat veisut

2017 Tikatut pilvet odottavat jälkitarkastusta matkalla pelkistettyyn ihmeeseen

2018 Kipunoita 1-4

2018 Elämäntarina 1 ja 3-4

2018 Surua sieluni kengät kivun maassa väärin puhuvat

2018 Mukana runoillaan Timo Kittillän klassisessa laulusarjassa

2018 Pääsy jäseneksi maakuntakirjailijoihin

2018 Mukana kahdessa Rovinssissa

2018 Taidenäyttely mielikahvilassa

2018 Katsehelmet aamuisilla kasvoilla- Glancedrops on a morningly face

2019 Mental Healts Art Week mielikahvilassa

2019 Kipunoita 1-4

2019 Elämäntarina 1ja2

2019 Mukana neljässä Rovinssissa

2019 Salohaltianseitikki kauneinta metsässä
2020 Kulttuurimme vartiotornin varjossa kissaikävä